Ein Ziel manifestieren

Arbeitsheft

Maria Anna Bröder

Schriftliche Meditation für mehr

Klarheit und Freiheit

Impressum

Texte: © Copyright by Maria Anna Bröder
Umschlag: © Copyright by Maria Anna Bröder
             83115 Neubeuern
             www.schriftliche-meditationen.de

Herstellung und Verlag: BOD – Books on Demand, Norderstedt

Bilder: Freepik.com @freepik @raxpixel.com

ISBN 9783753462615

Printed in Germany

Bibliografische Information der Deutschen Nationalbibliothek

Die Deutsche Nationalbibliothek verzeichnet diese Publikation
in der Deutschen Nationalbibliografie; detaillierte bibliografische Daten sind im Internet über http://dnb.d-nb.de abrufbar.

Es geht nicht darum ob es funktioniert,
sondern darum
ob DU bereit bist,
so lange daran zu arbeiten
BIS es funktioniert.

*Frederic E. Dodson

Vorwort

Du bist das, was Du denkst und glaubst. Deine Realität ist das, was Du von ihr denkst und glaubst. Wenn Du das, was Du denkst oder glaubst aktiv und bewusst veränderst, kannst Du Deine Realität aktiv und bewusst verändern.

Die Vorstellung, dass wir nur durch unsere innere Einstellung und unser damit verbundenes Auftreten ein Bewerbungsgespräch positiv beeinflussen können, dürfte für jeden klar und annehmbar sein. Durch die bewusste Programmierung unserer Überzeugungen unser Einkommen um 50% zu steigern, ist für einige dann schon schwieriger anzunehmen. Und doch funktioniert es!

Erforsche, wo Du Dich begrenzt, und übernimm die Verantwortung dafür. Mache Dir bewusst, WAS Du glaubst/denkst, WARUM Du das glaubst und ob Du es weiter glauben möchtest. Du kannst Deine geistigen Begrenzungen finden, Deine Komfortzone erkennen und Deine Möglichkeiten erweitern. So kannst Du Dir Dein Leben zu Deinem Spielplatz machen.

Das einzige, was uns davon abhalten kann, etwas zu erreichen, ist der Glaube, dass es unmöglich ist. Unbewusst erschaffen wir uns tagtäglich Situationen, die uns beweisen, was wir glauben. Dieses (unbewusste) Denken stärkt umso mehr innere Widerstände gegen ein erwünschtes Ziel, je größer uns der Wunsch erscheint.

Diese Heftreihe ist dafür da, Dir dabei zu helfen, diese Mechanismen zu erkennen und zu prüfen. Eine Entdeckungsreise durch die Knoten Deiner Glaubenssysteme und -muster. Aber auch ein mächtiges Hilfsmittel und ein Werkzeug.

Dein Schlüssel zum Erfolg ist, Dir erst einmal bewusst zu machen, was Du denkst/glaubst und wovon DU (unbewusst) überzeugt bist.

Meine Coachings und diese Arbeitshefte basieren auf meiner langjährigen Erfahrung, dass ich mit meinen Gedanken meine Realität steuern kann. Diese Übungen in meinen Heften dienen der aktiven Realitätssteuerung (Reality Creation).

Die Hefte der Reihe „Arbeitshefte: Schriftliche Meditationen für mehr Klarheit und Freiheit" sind im Rahmen meiner zahlreichen Coachings entstanden. Immer, wenn ich Klienten mit diversen Themen hatte, stellte ich ihnen passende Übungen zusammen, die diese alleine und ungestört zu Hause ausführen sollten.

So konnten sie bei der Bearbeitung einfach noch ehrlicher zu sich selbst sein.

Es ist deutlich nachhaltiger und hat eine höhere Qualität, wenn wir unsere Übungen schriftlich auf Papier ausführen, und das, was wir entdecken, wirklich auch noch zusätzlich in Sätze formulieren, anstatt die Aufgaben nur kurz zu „durchdenken".

Deine Aufgaben nur zu überfliegen und zu sagen: „Aha! Verstanden!", wird Dich nicht in die Lage versetzen, wirklich zu begreifen und zu verstehen, was sich unter oder hinter den verschiedenen Schichten Deiner Glaubenssätze, Muster und Gedanken versteckt.

In diesem Sinne wünsche ich Dir viel Spaß, spannende Erkenntnisse und das Leben, dass Du Dir wünschst.

Einleitung

Jeder hat ihn, den einen großen Wunsch, das eine große Ziel, das sich einfach nicht manifestieren möchte.

Falls Du mit meinem Heft „Wünsche aktivieren" bereits gearbeitet hast, ist das hier die perfekte Erweiterung für Deine „schwierigen" Wünsche.

Aber auch, wenn Du noch ganz neu auf dem Gebiet bist, Du vielleicht noch nie eine Wunsch- oder Absichten-Liste geschrieben hast, kann Dir dieses Arbeitsheft helfen, Dich mit einem Ziel intensiv zu beschäftigen, einem besonderen Herzenswunsch ein Stückchen näher zu kommen.

Wenn Du auch noch ein kleines bisschen an Wunder glaubst, steht eigentlich nichts mehr im Weg, außer Du Dir selbst.

Arbeitsanweisung:

- Sorge dafür, dass Du Ruhe hast und Dich niemand stört, solange Du Deine Übungen machst.
- Bewahre Deine Arbeitsbücher an einem Ort auf, an denen sie vor den Augen anderer sicher sein können. Du musst bei der Bearbeitung der Übungen zu 200% ehrlich sein können und nicht ständig daran denken müssen: „Hoffentlich liest das keiner!".
- Versuche bei den schriftlichen Übungen spontan zu antworten. Nimm Dir die Zeit, die Du für Arbeits-Aufgaben brauchst, damit Du sie wirklich ausführen kannst.
- Sorge für Ruhe während der Meditationen.
- Lass keine Übung aus.
- Wenn Du mit einem Heft durch bist, verschließe es (ich verklebe meine sogar mit Klebeband) und lege es zur Seite.

Lass los!

Das ist ein wichtiger Teil der Arbeit. Du musst nun nicht mehr daran denken und darfst sogar vergessen, dass du in diesem Heft gearbeitet hast!

Falls Du ein ähnliches Thema bearbeiten möchtest, besorge Dir ein neues Heft und fange darin ganz von vorne wieder an. Auch ist es hilfreich, das ein oder andere Heft nach längerer Zeit (sechs bis zwölf Monate) zu wiederholen und zu vergleichen, was sich geändert hat.

Viel Erfolg!

Tag 1

Definition und Klarheit

Nenne Deinen Wunsch, Dein Ziel oder die Absicht, an der Du hier nun intensiv arbeiten möchtest:

. . . .

. . . .

. . . .

. . . .

. . . .

. . . .

. . . .

. . . .

Glaubst Du, dass Du es verdient hast, dass es Dein Anrecht ist und dass Du es wert bist, dass sich dieser Wunsch für Dich erfüllt? Glaubst Du, dass Gott oder das Universum auch Deiner Meinung sind, dass sich dieser Wunsch für Dich erfüllen soll?

Hier sollte nun ein großes, deutliches „JA!" stehen.

Warum dieser Wunsch? Was erhoffst Du Dir dadurch?
Was bringt Dir dieser Wunsch?

. . . .

. . . .

. . . .

. . . .

. . . .

. . . .

. . . .

. . . .

Bereitet allein der Weg dorthin Spaß, Erfüllung, Freude
und Lernmöglichkeiten? Warum?

. . . .

. . . .

. . . .

. . . .

. . . .

. . . .

. . . .

. . . .

Was haben andere Menschen oder Dein Umfeld davon, dass Du dieses Ziel erreichst, bzw. dass sich Dein Wunsch erfüllt?

. . . .

. . . .

. . . .

. . . .

. . . .

. . . .

. . . .

. . . .

Stimmt Dein Wunsch mit anderen Zielen die Du sonst noch hast, überein? Mit welchen?

. . . .

. . . .

. . . .

. . . .

. . . .

. . . .

. . . .

. . . .

Welche anderen Ziele, könnten durch diesen Wunsch boykottiert werden? Bzw. welche anderen Wünsche und Ziele lassen sich nicht zusammen mit diesem Wunsch umsetzen?

. . . .

. . . .

. . . .

. . . .

. . . .

. . . .

. . . .

. . . .

Bist Du bereit, zum Wohle dieses Herzenswunsches, auf einen anderen zu verzichten?

. . . .

. . . .

. . . .

. . . .

. . . .

. . . .

. . . .

. . . .

Wenn „Ja", welchen Wunsch würdest Du aufgeben, damit das Erreichen dieses Zieles, dass Du hier in diesem Arbeitsheft bearbeitest, nicht behindert wird?

. . . .

. . . .

. . . .

. . . .

. . . .

. . . .

. . . .

. . . .

Welche Ressourcen hast Du, die Dich beim Erreichen Deines Zieles unterstützen? (Ressourcen: Kontakte, Wissen, Erfahrungen, Ausbildung, usw.)

. . . .

. . . .

. . . .

. . . .

. . . .

. . . .

. . . .

. . . .

Wer müsstest Du sein, welche Rolle müsstest Du erfüllen oder belegen, damit Dein Wunsch ganz selbstverständlich Wirklichkeit wäre, oder sich einfach umzusetzen wäre?

. . . .
. . . .
. . . .
. . . .
. . . .
. . . .
. . . .
. . . .
. . . .

Welche Eigenschaften fehlen Dir oder welche Eigenschaften müsstest Du entwickeln, damit sie Dich bei Deinem Ziel unterstützen?

. . . .
. . . .
. . . .
. . . .
. . . .
. . . .
. . . .
. . . .

Meditation

Visualisiere Deine gewünschte Realität mit so vielen Einzelheiten wie möglich. Was wirst Du tun, wie wirst Du Dich kleiden, was wirst Du unternehmen, wie wirst Du Dich FÜHLEN? Führe diese Meditation so lange aus, bis es nichts Besonderes mehr ist.

(Sich ein Haus für 1.000.000 Euro zu kaufen muss sich genauso normal für Dich anfühlen, muss genauso leicht zu visualisieren gehen, wie die Vorstellung sich die Zähne zu putzen.)

Nenne eine Erkenntnis, ein Bewusst-werden, ein „Aha!"
aus dieser Übung, das Dir vorher nicht bewusst war.

. . . .
. . . .
. . . .
. . . .
. . . .
. . . .
. . . .
. . . .
. . . .
. . . .
. . . .
. . . .
. . . .

Tag 2

Vertiefen und Erkennen

Formuliere einen positiven Satz zu Deinem Ziel. Eine Affirmation.

Formuliere den Satz im IST-Zustand und achte darauf, dass er rein positiv formuliert ist. D. h. Keine Verneinung, kein „nicht", kein „ich will" oder „ich will nicht!". Der Satz muss so lauten, als ob Dein Wunsch bereits jetzt erfüllt ist. Füge Adjektive wie fröhlich, leicht, entspannt oder glücklich dazu.

Beispiele: Entspannt fahre ich jeden Morgen mit meinem Porsche in die Arbeit. Ich bin in einer wundervollen Beziehung. Ich lebe in einem wunderschönen Haus.

. . . .

. . . .

. . . .

. . . .

. . . .

. . . .

. . . .

. . . .

. . . .

. . . .

Das ist nun Dein Satz, mit dem Du in diesem Heft arbeiten wirst. Willst Du noch etwas an ihm ändern? Kannst Du ihn vereinfachen, verkürzen, zusammenfassen?

Er sollte leicht und flüssig zu lesen und zu sprechen sein.

. . . .

. . . .

. . . .

. . . .

. . . .

. . . .

. . . .

. . . .

. . . .

. . . .

. . . .

. . . .

Lerne den Satz auswendig.

16

Sprich den Satz laut aus, hohl einen tiefen Atemzug und schreibe den ersten Gedanken, der Dir im Bezug zu diesem Satz in den Sinn kommt auf. Es geht hier darum schnell und spontan die Reaktion auf Deine Affirmation festzuhalten, damit Du sie betrachten und auflösen kannst.

Dann wiederhole. Sprich den Satz einmal laut aus, hohl einen tiefen Atemzug und schreibe den Einwand, den Zweifel, die Ängste auf. Fahre fort bis Du zehn Blockaden, Gegenargumente, negative Glaubenssätze definiert hast, die Dich am Erreichen Deines Zieles hindern. *(Das schaff ich nie. Ich habe dafür zu wenig Disziplin. Das ist alles zu teuer.)*

1. . . . .
. . . .

2. . . . .
. . . .

3. . . . .
. . . .

4. . . . .
. . . .

5. . . . .
. . . .

6. . . . .
. . . .

7. . . . .
. . . .

8. . . . .
. . . .

9. . . . .
. . . .

10 . . . .
. . . .

Wandle Einwand Nr. 1 in einen positiven Affirmationssatz um. Aus: „Ich habe zu wenig Zeit um meine Aufgaben zu erledigen" wird: „Entspannt schaffe ich meine Aufgaben in einem angemessenem Zeitrahmen". Aus „Das schaffe ich nie" wird „Ich schaffe alles was ich will!"

1. . . . .
. . . .

2. . . . .
. . . .

3. . . . .
. . . .

4. . . . .
. . . .

5. . . . .
. . . .

6. . . . .
. . . .

7. . . . .
. . . .

8. . . . .
. . . .

9. . . . .

. . . .

10 . . . .

. . . .

Wenn Du diese Übung öfter wiederholst, wirst Du fest-
stellen, dass sich Deine gedanklichen Reaktionen auf
Deine Affirmation verändern.

Aus: „Das schaff ich nie im Leben!", kann sich im Laufe
der Zeit ein: „Ich kann mir vorstellen, dass es funktio-
nieren könnte!" entwickeln. Und genau darum geht es.
Im Laufe dieses Buches sollten sich Deine Zweifel in un-
terstützende und stärkende Glaubenssätze verändern.
Das kann ganz schnell gehen. Aber je nachdem, wie
lange Du schon diverse Gegenargumente für Deinen
Traum mit Dir herumträgst, muss Dir klar sein, dass sich
das nicht von heute auf morgen auflösen lässt.

Aufgabe:

Über den ganzen Tag hinweg sprich Deinen Satz laut aus oder formuliere ihn ständig in Deinen Gedanken. Beim Kochen, beim Autofahren, vor dem Einschlafen. Lass das Radio aus und vermeide jede Ablenkung.

Alles was an Gedanken in Deinem Kopf kreisen sollte ist Dein Wunsch-Gedanke. Dein neuer Ist-Zustand, den Du manifestieren möchtest. Wenn andere Gedanken auftauchen, betrachte sie kurz, akzeptiere sie und dann wiederhole bewusst Deine Affirmation, Deinen Ziel-Satz.

Tag 3

Vertiefen und Entspannen

Schreibe den Satz von gestern (Tag 2) erneut auf:

. . . .

. . . .

. . . .

. . . .

. . . .

. . . .

Was würde passieren, wenn Du dieses Ziel nicht erreichen würdest?

Was wäre der „worst case"? Welche Angst steckt hinter diesem Wunsch? Was versuchst Du, durch die Erreichung dieses Wunsches zu verhindern?

Schreibe so detailliert wie möglich Deine größten Ängste hier auf und schau sie an. Das Gegenteil von verdrängen. Im Licht der Aufmerksamkeit verlieren sie ihre Macht über Dich.

. . . .

. . . .

. . . .

Meditation:

Nimm einmal Deinen Mut zusammen und mal Dir aus, wie es wäre, wenn Du Dein Ziel nicht erreichst. Schau Deine Angst so richtig an. Schau dem Schreckgespenst so lange ins Gesicht, bis die Panik nachlässt.

Stell Dir vor, Du wirst nie befördert werden und bleibst immer ein kleiner Angestellter. Du wirst nie abnehmen und wirst Dich in Deinem Körper nie wohlfühlen. Deine Geschäftsidee ist zwar toll, aber es wird nie zum Durchbruch kommen. Vielleicht verlierst Du sogar alles was Du jetzt besitzt.

Atme entspannt und ruhig. Bleibe so lange in Deiner Angst, bis Du sie zumindest ein bisschen ertragen kannst. Bis es nicht mehr so weh tut.

Betrachte Deine größte Angst so lange, bis sich in Dir ein Gefühl einstellt, wie zum Beispiel:

«OK, dann findet sich eine andere Lösung!"

«Na gut, das Leben geht auch dann irgendwie weiter. Ich würde auch das überleben."

Wie fühlst Du Dich jetzt? Was ist Dir klar geworden?

. . . .
. . . .
. . . .
. . . .
. . . .
. . . .
. . . .
. . . .
. . . .
. . . .

Das sollte nun auch das einzige Mal gewesen sein, dass Du Dich so intensiv mit Deinen Ängsten auseinandersetzt.

Komme im Hier und Jetzt an und denke wieder an Dein Ziel, an Deinen großen Herzenswunsch, an Deine Absicht.

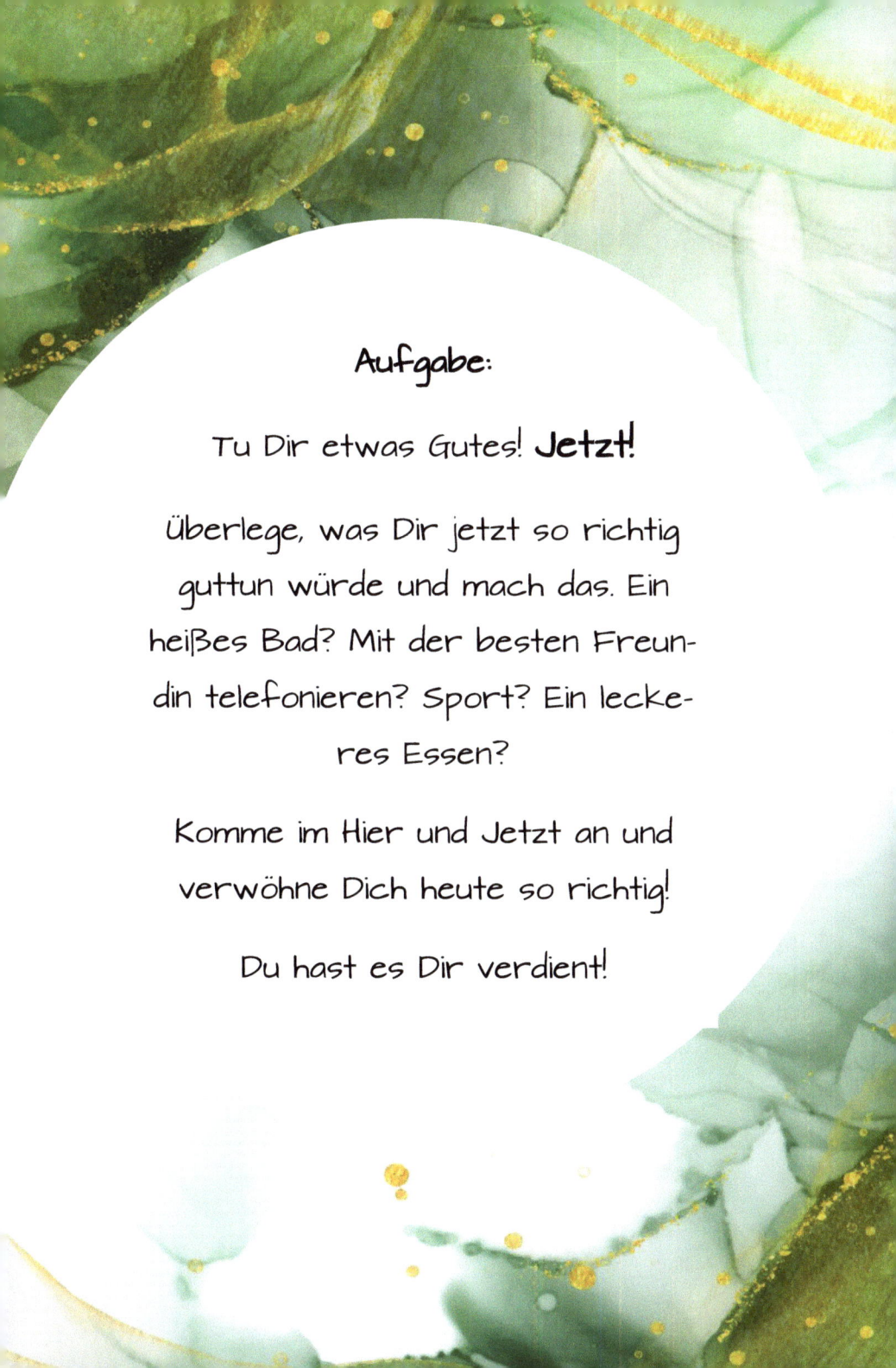

Aufgabe:

Tu Dir etwas Gutes! **Jetzt!**

Überlege, was Dir jetzt so richtig guttun würde und mach das. Ein heißes Bad? Mit der besten Freundin telefonieren? Sport? Ein leckeres Essen?

Komme im Hier und Jetzt an und verwöhne Dich heute so richtig!

Du hast es Dir verdient!

Wiederholung macht den Meister!

Zahlreichen Studien und Berichten im Internet zufolge denken wir täglich bis zu 60.000 Gedanken. Dieser ständig präsente Gedankenstrom, diese ständig präsente Stimme im Ohr, oder auch Schalplatte mit Sprung, tragen wir ständig mit uns herum. Unbewusst beeinflusst dieser Gedankenstrom unser Handeln, unsere Reaktionen und unser Befinden.

72% dieser Gedanken sind unbedeutende oder unwichtige, wie zum Beispiel: „Heute mache ich mir Spaghetti zum Essen!"

Erschreckend sind aber die 25% negativer Gedanken, die auf nur 3% aufbauender und positiver Gedanken treffen.

Das heißt, auf einen positiven, kommen bis zu neun negative Gedanken. Auf einen Gedanken über Deinen Erfolg oder Dein Ziel, kommen acht bis neun Gedanken, in denen Du über andere lästerst oder Dich selbst demotivierst, über Ängste und Selbstzweifel oder über die täglichen Nachrichten.

Mach Dir bewusst, welche Macht diese negativen Gedanken über Dein Leben haben. Unbewusst beeinflussen diese 25% schädliche und energieraubende Gedanken, Deine Körpersprache, Deine Stimmlage, Deine Reaktionen auf Deine Mitmenschen und ja, auch Deine Gesundheit.

Diese Macht kannst Du ihnen aber nehmen, indem Du sie Dir ins Bewusstsein holst.

Jedes Mal, wenn Dir Deine Gedanken bewusst werden, kannst Du kurz innehalten, sie betrachten und beurteilen. Schon sind sie Dir bewusst und Du kannst Dich entscheiden, ob und wie sie Dein Handeln beeinflussen sollen.

Durch folgende Übungen in diesem Arbeitsheft und viele weitere Möglichkeiten kannst Du die 3% Deiner positiven Gedanken auf einen höheren Prozentsatz heben.

Allein durch die Wiederholung Deiner positiven Affirmation, verändert sich bereits Deine Körperspannung, was jeder kinesiologische Test beweisen kann.

Tag 4

Ein Schritt weiter

Wenn Du an Deiner neuen Überzeugung arbeitest, wird Dein Unterbewusstsein anfangen sich zu wehren. Es will seine gewohnten Glaubenssätze nicht so einfach loslassen.

Es können Zweifel auftauchen wie: „Was soll diese Übung schon bringen?" oder „Ich habe eigentlich gar keine Zeit für so einen Mist!". Plötzlich fallen Dir ganz wichtige Sachen ein, die Du schon lange erledigen wolltest. Auch körperliche Reaktionen, wie z. B. „Von dieser Übung wird mir ganz übel!", können eine Reaktion darauf sein. Sieh alles als einen verzweifelten Versuch Deines Unterbewusstseins an, Dich bei Deiner Arbeit zu behindern und Dich in Deiner gewohnten Komfortzone festzuhalten. Du weißt ja nicht genau, was Dich erwartet, wenn Dein größter Traum Wirklichkeit werden sollte? Es könnte ja auch schlimmer werden, als es jetzt ist. Und genau davor versucht Dich Dein Unterbewusstsein zu beschützen. Vor dem Unbekannten.

Versuche jede Reaktion, jeden Gedanken, jede Emotion hier wieder festzuhalten, damit Du sie Dir ins Bewusstsein holst und sie betrachten und auflösen kannst. Nimm Deinen unbewussten Zweifeln die Macht über Dein Leben und gestalte bewusst und aktiv Deine neue Realität.

Schreib hier wieder Deinen positiven Affirmations-Satz.

. . . .
. . . .
. . . .
. . . .

Sprich Deine gewünschte Realität wieder laut aus, hohl einen tiefen Atemzug und schreibe auf, bis Du wieder zehn Blockaden, Gegenargumente, negative Glaubenss- ätze definiert hast, die Dich am Erreichen Deines Zieles hindern.

1. . . . .
. . . .

2. . . . .
. . . .

3. . . . .
. . . .

4. . . . .
. . . .

5. . . . .
. . . .

6. . . . .
. . . .

7. . . . .
. . . .

8. . . . .
. . . .

9. . . . .
. . . .

10 . . . .
. . . .

Wandle wieder jeden Einwand in eine Bejahung um.

Aus: „Das funktioniert nie" wird „Ganz leicht erreiche ich mein Ziel". Aus „Keiner hilf mir", wird „Ich erhalte die nötige Unterstützung, die ich brauche, um mein Ziel zu erreichen!"

„Entspannt und fröhlich erfülle ich meine nötigen Aufgaben, um meinen Wunsch zu manifestieren!"

Ersetze jeden Zweifel, Einwand oder jede Angst durch eine positive Affirmation mit den Worten: „Ich kann, ich besitze, ich habe, ich bin ... !"

1. . . . .
. . . .

2. . . . .
. . . .

3. . . . .
. . . .

4. . . . .
. . . .

5. . . . .
. . . .

6. . . . .

. . . .

7. . . . .

. . . .

8. . . . .

. . . .

9. . . . .

. . . .

10 . . . .

. . . .

Hast Du eine Entdeckung gemacht?

Gibt es einen Unterschied zu den Einwänden vom Tag davor?

. . . .

. . . .

. . . .

. . . .

. . . .

. . . .

. . . .

. . . .

1. Benenne den stärksten Einwand *(„Ich habe nicht die Möglichkeit mein eigenes Geschäft aufzubauen" „Ich habe nicht die nötige Disziplin für eine Diät!")*

. . . .

. . . .

. . . .

. . . .

. . . .

. . . .

. . . .

2. Formuliere genau das Gegenteil: *(„Ich habe alles was nötig ist, um mein eigenes Geschäft aufzubauen." „Ich habe ein sehr diszipliniertes Essverhalten!")*

. . . .

. . . .

. . . .

. . . .

. . . .

. . . .

. . . .

3. Nenne eine Gemeinsamkeit aus 1. und 2. *(„Meine Möglichkeiten" „Meine Disziplin")*

. . . .

. . . .

. . . .

. . . .

. . . .

. . . .

. . . .

4. Nenne etwas, dass komplett weg ist, von dem Thema: *(Die grüne Wiese hinter unserem Haus)*

. . . .

. . . .

. . . .

. . . .

. . . .

. . . .

. . . .

1a) Woran hindert Dich unter „1" genannter Glaubenssatz? Was kannst Du nicht denken, fühlen, tun, weil Du 1. glaubst? *(„Mein Geschäft aufzubauen! Es wenigstens zu probieren." „Eine Diät zu machen! Mich in meinem Körper wohl fühlen! . . .")*

. . . .

. . . .

. . . .

. . . .

. . . .

. . . .

1b) Was ermöglicht Dir 1.? Was kannst Du denken, fühlen, tun, weil Du 1. glaubst? *(„Ich kann jammern und mich schlecht fühlen. Opferhaltung. Ich habe Ausreden, dass ich nicht anfangen muss." „Ich kann Essen was ich will. Ich habe Ausreden für Sport und Unternehmungen mit Freunden!")*

. . . .

. . . .

. . . .

. . . .

. . . .

. . . .

2a) Woran hindert Dich 2.? Was könntest Du nicht denken, fühlen oder tun, weil Du 2. Glaubst/ wenn Du 2. glauben würdest? *(„Frustriert zur Arbeit gehen. Schlechte Laune haben. Übermäßigen Alkoholkonsum." „Frustessen. Aus Langeweile essen.")*

. . . .

. . . .

. . . .

. . . .

. . . .

. . . .

2b) Was ermöglicht Dir 2.? Was kannst Du denken, fühlen, tun, wie Dich verhalten, weil Du 2. Glaubst/wenn Du 2. glauben würdest? *(„Mit Spaß meine Arbeit erledigen. Motiviert meine Pläne verfolgen." „Gesunde Ernährung. Ein tolles Körpergefühl...")*

. . . .

. . . .

. . . .

. . . .

. . . .

. . . .

3a) Woran hindert Dich 3.? („Meine Möglichkeiten hindern mich am Glücklichsein!" „Meine nicht vorhandene Disziplin verhindert ein Wohlgefühl!")

. . . .

. . . .

. . . .

. . . .

. . . .

. . . .

3b) Was ermöglicht Dir 3.? („Meine Möglichkeiten ermöglichen mir Wachstum!" „Meine Disziplin ermöglicht mir, über mich zu lernen!")

. . . .

. . . .

. . . .

. . . .

. . . .

. . . .

4a) Woran hindert Dich 4.? „Wenn statt der gründen Wiese viele Häuser dastehen würden, könnte ich viele Menschen kennen lernen."

. . . .
. . . .
. . . .
. . . .
. . . .
. . . .

4b) Was ermöglicht Dir 4.? „Natur, Entspannung"

. . . .
. . . .
. . . .
. . . .
. . . .
. . . .

(Diese Übung wird ähnlich aber intensiver im Buch: „Ein Problem durchschauen" bearbeitet. Solltest Du das Gefühl haben, hier noch nicht an den Kern gekommen zu sein, empfehle ich Dir das Buch: „Ein Problem durchschauen", aus meiner Reihe „Schriftliche Meditationen für mehr Klarheit und Freiheit")

Nenne eine Erkenntnis, ein „Bewusst werden", ein „Aha!", dass Dir vorher nicht bewusst war.

. . . .

. . . .

. . . .

. . . .

. . . .

. . . .

Tag 5

Arbeiten und Vertiefen

In folgender Übung schreibst Du 20 x Deinen Affirmations-Satz, Deine Bejahung, den Satz, der Deine gewünschte Realität definiert in folgende Zeilen.

Denke an Deine 3% positiver Gedanken, die sich gegenüber 25% negativer und schädlicher Gedanken behaupten müssen. Nutze die Möglichkeit diesen Prozentsatz jetzt deutlich zu erhöhen.

Das, was am Häufigsten wiederholt wird, worauf Du am intensivsten Deinen Focus lenkst, dass, was permanent in Deinem Geist (bewusst oder unbewusst) präsent ist, hat auch die meiste Macht über Dein Leben.

So, wie Du bei einer Behörde ein Formular mit Namen, Adresse und Telefonnummer ausfüllst, schreibst Du nun hier Deinen Traum im IST-Zustand 20x als Bestätigung in dieses Buch.
Mit einem Unterschied:

Erzeuge aktiv und bewusst, das Gefühl, dass Du mit diesem Ziel verbindest. Nicht das Gefühl der Vor-Freude, sondern das Gefühl: Es ist bereits so!
Wo spürst Du dieses Gefühl?

Stolz z. B. fühle ich persönlich am oberen Bereich meines Rückens. Freude im Bereich des Brustbeins bis zum Hals. Entspannung ist bei mir ein warmes Gefühl im Bauch.

Lokalisiere Dein „Mein-Traum-ist-bereits-Realität-Ge-fühl", verstärke es und halte es die ganze Zeit aktiv während Du nun 20x Deine Affirmation schreibst:

1. . . . .
. . . .

2. . . . .
. . . .

3. . . . .
. . . .

4. . . . .
. . . .

5. . . . .
. . . .

6. . . . .
. . . .

7. . . . .
. . . .

8. . . . .
. . . .

9. . . . .
. . . .

10. . . . .
. . . .

11. . . . .
. . . .

12. . . . .
. . . .

13. . . . .
. . . .

14. . . . .
. . . .

15. . . . .
. . . .

16. . . . .
. . . .

17. . . . .
. . . .

18. . . . .
. . . .

19. . . . .
. . . .

20 . . . .
. . . .

Wenn Du Deine selbstgewählte Affirmation eine gewisse Zeit lang wiederholt hast, kommt irgendwann der Punkt, wo der Satz sich in Dein Denken integriert hat.

Du spürst, wie der Gedanke einrastet, wie er sich festsetzt. Stell Dir vor, wie er langsam aber unaufhaltsam tiefer und tiefer in Dein Unterbewusstsein sinkt. Wie ein Blatt Papier, dass sich langsam mit Wasser vollsaugt und langsam auf den Grund eines tiefen Sees durch das Wasser hinabschwebt und sacht unten ankommt. So sinkt auch Deine Affirmation, Deine neue Überzeugung, der Grundstein Deiner neuen Realität auf den Grund Deines Unterbewusstseins.

Das kann schon nach ein paar Stunden oder Tagen der Fall sein. Bei hartnäckigen Gegenargumenten Deines Verstandes oder einem Ziel, dass für Dich sehr weit entfernt scheint, kann es auch mehrere Monate dauern.

Du merkst nach den vielen, vielen Wiederholungen, wie es Dir immer leichter fällt, Deinen neuen Glaubenssatz zu denken oder auszusprechen. Vielleicht verändert sich auch Dein Gefühl, dass Du hast, während Du diesen Satz laut aussprichst deutlich zum Positiven.

Wenn Du merkst, dass der Satz sitzt, wäre das der Moment, wo Du Dir hier eine Pause von Deiner Arbeit gönnen kannst. Dein Unterbewusstsein wird jetzt alleine weiterarbeiten.

Natürlich kannst Du noch weiter aktiv Deine Affirmation sprechen oder schreiben. Oder, falls wieder Zweifel auftauchen, antwortest Du ihnen mit Deiner selbstgewählten Bejahung, bis sie sich deutlich aufgelöst haben. Aber das konsequente, ununterbrochene, aktive Arbeiten mit Deinem Satz, darf jetzt mal ausgesetzt werden.

Unterschreiben kannst Du Deinen Affirmations-Satz noch zusätzlich mit der Ergänzung:

„Dieses, oder etwas Besseres!"

Damit lässt Du das Universum noch ein bisschen mitspielen und hast die Chance auf kleine Wunder, die Du mit dem Verstand nicht erklären kannst, falls Du für so etwas offen bist.

Aufgabe:

Über den ganzen Tag hinweg sprich Deinen positiven Satz laut aus oder formuliere ihn ständig in Deinen Gedanken.

Wie ein Schauspieler, übe Deine neue Rolle. Wie würdest Du kochen, wenn Deine neue Realität bereits Wirklichkeit wäre? Wie würde Dein neues ICH Autofahren? Wie würdest Du Dich kleiden?

Geh raus! Geh unter Leute!
Tu so als ob.
Spiele Deine neue Rolle.

Tag 6

Vertiefen und Verinnerlichen

Schreibe 25 x den Satz der gewünschten neuen Realität:

1. . . . .

. . . .

2. . . . .

. . . .

3. . . . .

. . . .

4. . . . .

. . . .

5. . . . .

. . . .

6. . . . .

. . . .

7. . . . .
. . . .

8. . . . .
. . . .

9. . . . .
. . . .

10. . . . .
. . . .

11. . . . .
. . . .

12. . . . .
. . . .

13. . . . .
. . . .

14. . . . .
. . . .

15. . . . .
. . . .

16. . . . .
. . . .

17. . . . .
. . . .

18. . . . .
. . . .

19. . . . .
. . . .

20 . . . .
. . . .

21. . . . .
. . . .

22. . . . .
. . . .

23. . . . .
. . . .

24. . . . .
. . . .

Aufgabe:

Heute ist es Deine Aufgabe, mal ein Gefühl für den Flow zu bekommen. Du machst heute nur Sachen, die sich für Dich gut anfühlen.

Du möchtest einen Stadtbummel machen? Dann tu es!

Das Wohnzimmer gehört mal so richtig ausgemistet? Leg los!

Du möchtest jemanden anrufen? Ok!

Hör heute nur auf Deinen Bauch! Lass Dich führen, auch wenn es noch so unlogisch scheint, und scheinbar überhaupt nichts mit Deinem Ziel zu tun hat.

Mit dieser Übung schulst Du Deine Fähigkeit auf Deine Intuition zu hören und dem Weg mit der meisten Energie zu folgen.

Dadurch hebst Du auch Dein eigenes Energie-Niveau.

Hebe Deine Energie auf ein höheres Niveau!

Was hast Du bereits erreicht?

. . . .

. . . .

. . . .

. . . .

. . . .

. . . .

. . . .

. . . .

Worin bist Du besonders gut?

. . . .

. . . .

. . . .

. . . .

. . . .

. . . .

. . . .

. . . .

Welche Deiner Fähigkeiten macht Dir am meisten Freude?

. . . .

. . . .

. . . .

. . . .

. . . .

. . . .

. . . .

. . . .

. . . .

Welches Deiner Talente macht Dich glücklich?

. . . .

. . . .

. . . .

. . . .

. . . .

. . . .

. . . .

. . . .

. . . .

Welche Arbeit kostet Dich keine Energie, sondern erfüllt Dich mit Spaß und Freude?

. . . .

. . . .

. . . .

. . . .

. . . .

. . . .

. . . .

. . . .

. . . .

Womit machst Du Dein Umfeld glücklich?

. . . .

. . . .

. . . .

. . . .

. . . .

. . . .

. . . .

. . . .

. . . .

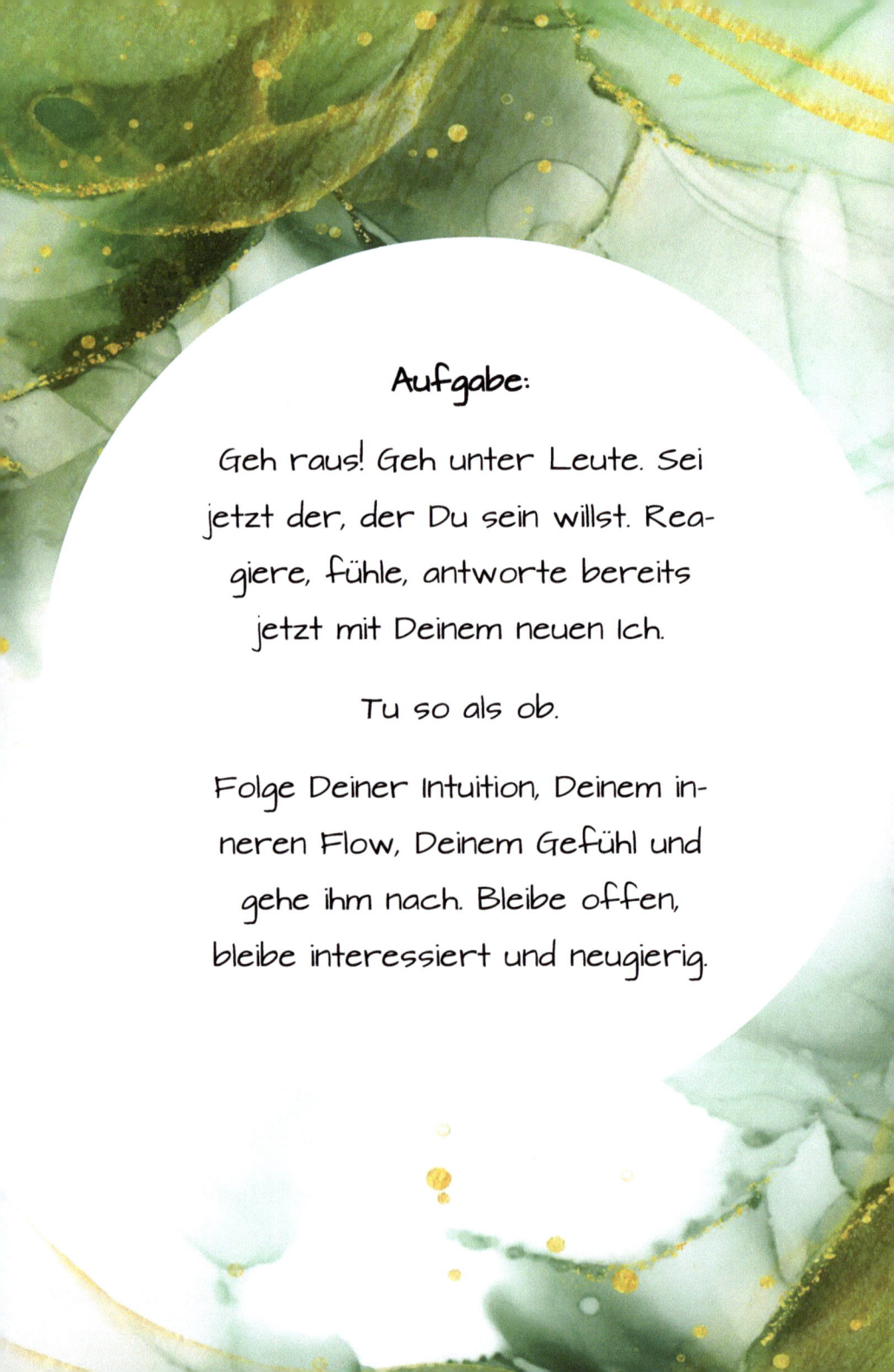

Aufgabe:

Geh raus! Geh unter Leute. Sei jetzt der, der Du sein willst. Reagiere, fühle, antworte bereits jetzt mit Deinem neuen Ich.

Tu so als ob.

Folge Deiner Intuition, Deinem inneren Flow, Deinem Gefühl und gehe ihm nach. Bleibe offen, bleibe interessiert und neugierig.

Schließe Deine Arbeit dieser 6 Tage rituell ab!

Belohne Dich für diese Arbeit.

Mach ein kleines Ritual daraus, nur für Dich. Dusche, zieh Dich extra dafür hübsch an.

Erschaffe in Dir das Gefühl: „Ich bin . . . (Geschäftsführer, Porschebesitzer, berühmter Sänger, . . .") und geh mit diesem Gefühl raus vor die Tür.

Sei Dein „Neues Ich".

Geh einen Kaffee trinken oder Pizza essen, ins Kino oder einfach spazieren. Aber so, wie Du es tun würdest, wenn sich Dein Wunsch bereits erfüllt hätte.

Demonstriere Deine neue Realität.

Tag 7

Loslassen und Ausrichten

Schreibe ein letztes Mal Deinen Satz, zu Deiner neuen gewünschten Realität.

. . . .
. . . .
. . . .
. . . .
. . . .
. . . .

Erschaffe in Dir aktiv das Gefühl der Gewissheit, dass dieses Ziel bereits jetzt schon da ist.

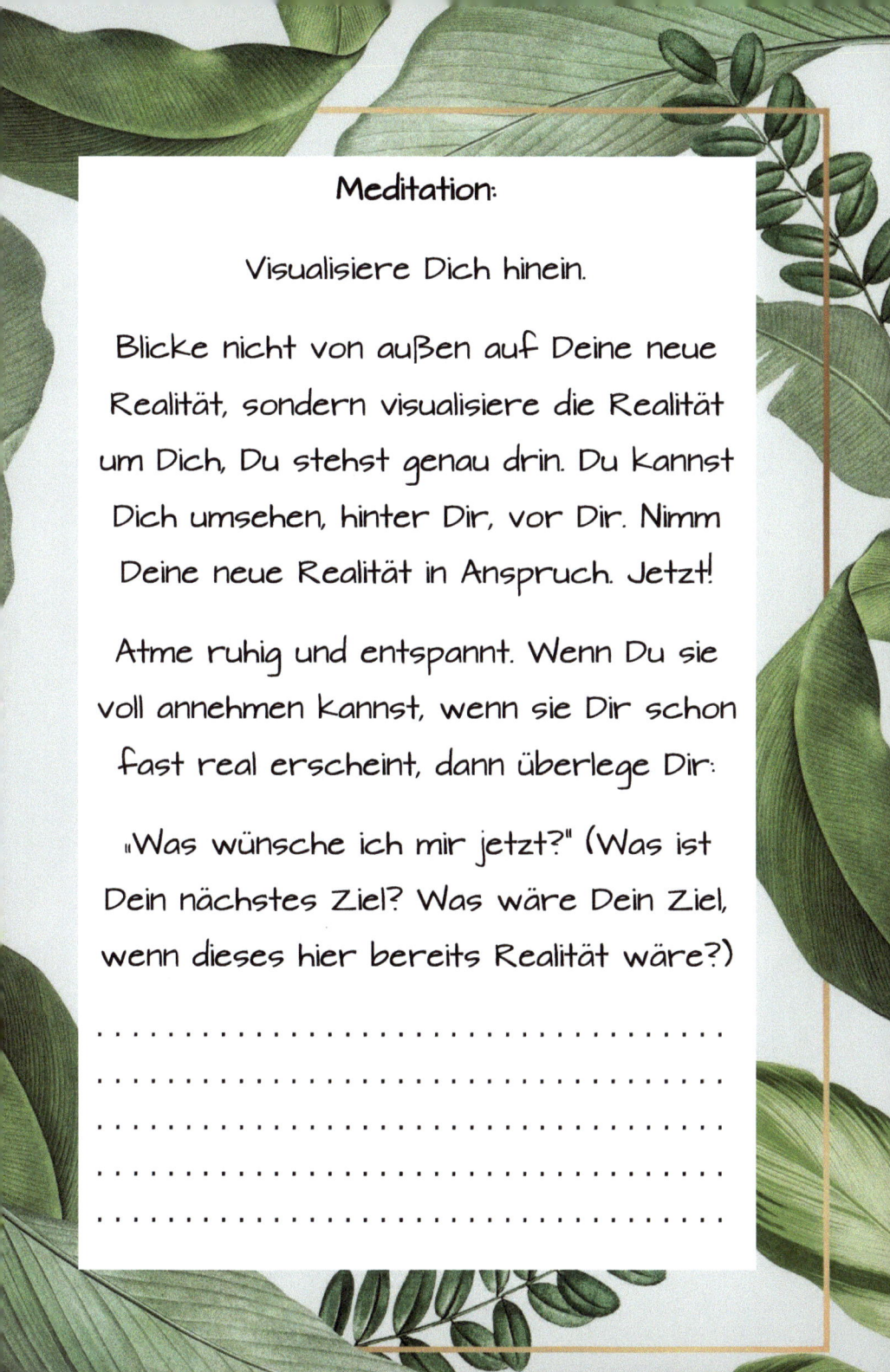

Meditation:

Visualisiere Dich hinein.

Blicke nicht von außen auf Deine neue Realität, sondern visualisiere die Realität um Dich, Du stehst genau drin. Du kannst Dich umsehen, hinter Dir, vor Dir. Nimm Deine neue Realität in Anspruch. Jetzt!

Atme ruhig und entspannt. Wenn Du sie voll annehmen kannst, wenn sie Dir schon fast real erscheint, dann überlege Dir:

„Was wünsche ich mir jetzt?" (Was ist Dein nächstes Ziel? Was wäre Dein Ziel, wenn dieses hier bereits Realität wäre?)

. . . .
. . . .
. . . .
. . . .
. . . .

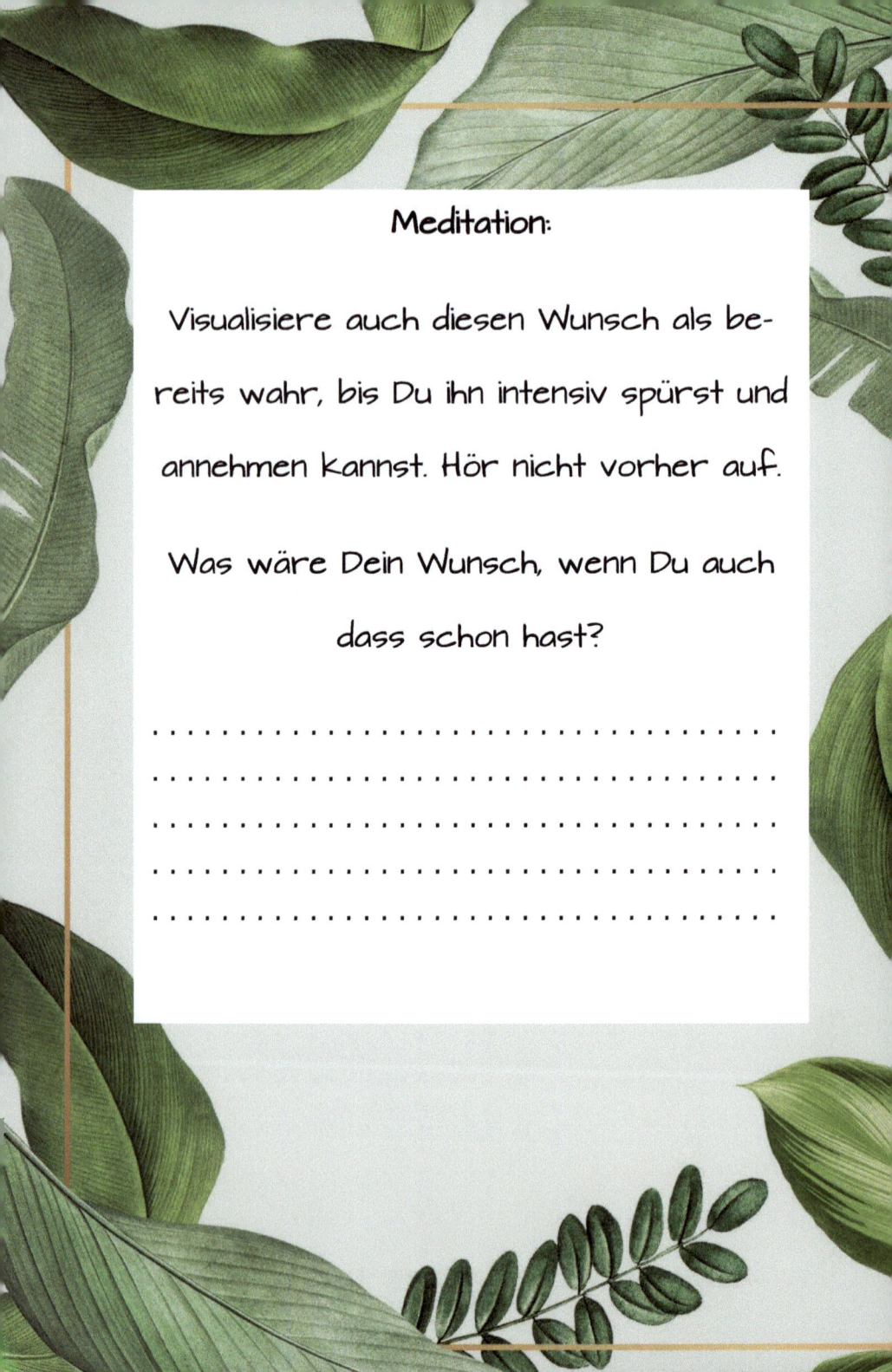

Meditation:

Visualisiere auch diesen Wunsch als bereits wahr, bis Du ihn intensiv spürst und
annehmen kannst. Hör nicht vorher auf.

Was wäre Dein Wunsch, wenn Du auch
dass schon hast?

. . . .
. . . .
. . . .
. . . .
. . . .

Schlusswort

Herzlichen Glückwunsch!

Du hast alle Übungen und Meditationen aus diesem Heft gemacht.

Nun verschließe es und räume es weg. Am Besten in Deine hinterste Schublade. Du hast Deine Aufgaben jetzt erst mal erfüllt. *(Ich verklebe meine Hefte meistens sogar mit dickem Klebeband.)*

Du kannst jetzt getrost LOSLASSEN und mit Vorfreude nach vorne blicken.

Geh raus! Das Universum liefert nicht aufs Sofa.

Geh unter Leute. Führe Small-Talk. Sei offen, sei fröhlich, sei neugierig, sei interessiert. Sei jetzt der, der Du sein willst. Reagiere, fühle, antworte bereits jetzt mit Deinem neuen Ich.

Folge Deiner Intuition, Deinem inneren Flow, Deinem Gefühl, Deinen Impulsen und gehe ihnen nach.

Lass Dich überraschen.

Irgendwann, wenn Du schon vergessen hast, dass Du dieses Heft überhaupt aktiv bearbeitet hast, wird es Dir in die Hände fallen. Dann kannst Du darin blättern und staunen, was sich bereits manifestiert hat.

Weitere Bücher von Maria Anna Bröder

Wünsche aktivieren
Reihe: Schriftliche Meditation für mehr Klarheit und Freiheit
ISBN 978-3-75345-8922, 70 Seiten, DIN A5

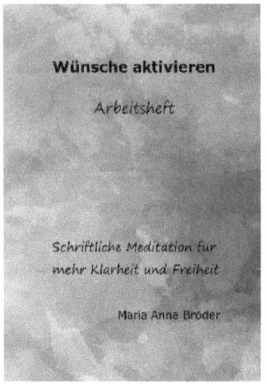

Der erste Schritt auf dem Weg Deine Ziele zu erreichen, ist es sie zu kennen. Sie greifbar zu machen. Im Alltagsstress sind unsere Gedanken oft so konfus und ungeordnet, dass es uns schwerfällt, uns zu fokussieren. In dem Moment, in dem Du beginnst Deine Ziele so zu konkretisieren, dass Du sie aufschreiben kannst, hast Du schon einen großen Schritt zu ihrer Verwirklichung beigetragen.

Ein Problem durchschauen
Reihe: Schriftliche Meditation für mehr Klarheit und Freiheit
ISBN 978-3-75344-1948, 64 Seiten, DIN A5

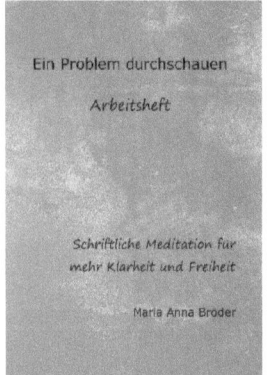

Jedes Problem, jede unerwünschte Situation/Realität bringt Dir einen Vorteil, auch wenn Du ihn Dir vorerst nicht eingestehen möchtest. Hinter jedem Ziel, jedem Wunsch, der für Dich schwer erreichbar scheint, versteckt sich ein "Nachteil" für Dich. Oft sind es nur Vorurteile, die ohne hinterfragt zu werden im Unterbewusstsein ihre Sabotagearbeit leisten. Mit diesem Arbeitsheft: "Ein Problem durchschauen" kannst Du Dir diese unbewussten Überzeugungen ins Bewusstsein holen.

Ich bin Ich

Reihe: Schriftliche Meditation für mehr Klarheit und Freiheit
ISBN 978-3-75346-4114, 70 Seiten, DIN A5

Dieses Heft ist Deine eigene Definition, Dein ganz persönlicher Wikipedia-Eintrag. Hier geht es nur um Dich. Wer bist Du? Was bist Du? Wie bist Du? Wo definierst Du Dich über andere, wo machst Du Dich von anderen abhängig? Nutze dieses Heft als eine absolute Bestandsaufnahme. Eine Inventur. Es gilt Grenzen zu erkennen und Unbewusstes bewusst zu machen. Erkenne starre Muster und Verhaltensweisen. Lerne aus ihnen mehr über Dich selbst und wachse. Wenn Du weißt, wer Du bist, hast Du die Möglichkeit wortwörtlich IN DIR zu ruhen.

Ein Ziel manifestieren

Reihe: Schriftliche Meditation für mehr Klarheit und Freiheit
ISBN 978-3-75346-2615, 66 Seiten, DIN A5

Zahlreichen Studien und Berichten zufolge denken wir täglich bis zu 60.000 Gedanken. Diesen ständig präsenten Gedankenstrom, diese ständig präsente Stimme im Ohr, tragen wir permanent mit uns herum und beeinflusst unbewusst unser Handeln, unsere Reaktionen und unser Befinden. Übernimm die Verantwortung und beeinflusse aktiv, was Du denkst und somit bewusst Dein Auftreten, Deine Ausstrahlung und Dein Leben.

Liebe und Akzeptanz in der Partnerschaft

Reihe: Schriftliche Meditation für mehr Klarheit und Freiheit

ISBN 978-3-75193-4008, 59 Seiten, 17x22 cm

Menschen, die wir lieben, oder die uns sehr nahestehen, können uns am meisten verletzen. Da uns diese Menschen so wichtig sind, legen wir jedes Wort, jede noch so kleine Reaktion auf die Goldwaage. Hinterfrage ich aber meine eigene Reaktion, habe ich die Möglichkeit, mir tiefere Verletzungen, Muster oder Gewohnheiten ins Bewusstsein zu holen, zu erkennen und somit aufzulösen. Wenn ich mir selbst absolut klar bin, was ich will und warum, kann ich meinem Partner helfen mich zu verstehen und die Partnerschaft/Beziehung kann wachsen und reifen. Gemeinsam könnt Ihr so Eure Partnerschaft und Eure Zukunft bewusst gestalten. Mit Hilfe dieses Hefts kann aus einem Streit ein gemeinsames Erforschen und Entdecken werden.

Mein Tanz-Tagebuch

ISBN 978-3-75344-2501, 90 Seiten, DIN A5

Ein Ziel ohne einen Plan ist nur ein Wunsch. Das hier ist kein einfaches Tagebuch. Es ist eine Hilfestellung, ein Trainings-Tracker und Freundebuch. Mit Tipps und Tricks einer erfahrenen Ballett- und Tanzlehrerin. Und sogar Deine Freunde und Deine Tanzlehrerin haben Platz sich hier in Dein Tanz-Tagebuch einzutragen. Kleine Aufgaben fördern die Motivation und Deine Fortschritte kannst Du hier wunderbar dokumentieren und siehst so jede Woche was Du geleistet und erreicht hast.

Nachschlagewerke:

Frederic Dodson
„Increase your Energy"; ISBN 1541062922
„Energie-Level – Eine spektrale Reise durch die
Bewusstseinsebenene" ISBN 3890946941
„Reality Creation Coaching" ISBN 9783890945064
„Reality Creation für Fortgeschrittene ISBN 3890945988
„Paralleluniversum des Selbst" ISBN 3890945988
„Reality Creation – Die kontrollierte Erschaffung von Realität" ISBN
3890943942
„Reality Creation and Manifestation" ISBN 978-1534842809
Und weitere seiner Bücher zum Thema Reality Creation und
Energie-Level.

Joel S. Goldsmith
„Die Gabe der Liebe", ISBN 978-3-7964-0193-0
„Die Gegenwart Gottes Praktizieren", ISBN 978-3-7964-0256-2
„Der unendliche Weg", ISBN 978-3-7964-0241-8
„Den unendlichen Weg verwirklichen", ISBN 978-3-7964-0244-9
„Der Donner der Stille", ISBN 978-3-7964-0242-5
„Die Kunst der Meditation", ISBN 978-3-7964-0243-2
„Die Kuns der geistigen Heilung", ISBN 3-7964-0192-9

„Ein Kurs in Wundern", ISBN 3-923662-18-1, Greuthof Verlag

„Das Wirken Bruno Grönings zu seinen Lebzeiten und heute",
Thomas Eich, ISBN 3-927685-43-7, Grete-Häusler-Verlag

„Ich bin das Licht!", Neale Donald Walsh, ISBN 3929475898